I Mastermind Group possono fare miracoli per te e la tua attività. Puoi superare i tuoi limiti e migliorare sia professionalmente che personalmente. Che il viaggio abbia inizio!

IL POTERE DEL MASTERMIND GROUP

L'Arma Segreta
per la tua Vita personale e professionale

EDOARDO
ZELONI MAGELLI

Copyright © 2017 Edoardo Zeloni Magelli

Tutti i diritti sono riservati

ISBN: 978-1-80120-475-0

Settembre 2017.

Autore: Psicologo, Imprenditore e Consulente. Edoardo Zeloni Magelli, nato a Prato nel 1984. Nel 2010 subito dopo la laurea in Psicologia del Lavoro e delle Organizzazioni lancia la sua prima startup. Come Businessman è CEO di Zeloni Corporation, azienda di formazione specializzata in Scienze Mentali Applicate al Business. La sua azienda è il punto di riferimento per chiunque voglia realizzare una idea o un progetto. Come scienziato della mente invece è il padre della Psicologia Primordiale e aiuta le persone a potenziare le loro menti nel minor tempo possibile. Amante della musica e dello sport.

UPGRADE YOUR MIND → zelonimagelli.com

UPGRADE YOUR BUSINESS → zeloni.eu

Le riproduzioni effettuate per finalità di carattere professionale, economico o commerciale o comunque per uso diverso da quello personale possono essere effettuate solo a seguito di specifica autorizzazione rilasciata dall'autore.

In nessun caso qualsiasi responsabilità o responsabilità legale sarà ritenuta responsabile nei confronti dell'autore, per danni, riparazioni o perdite monetarie dovute alle informazioni contenute in questo libro. Direttamente o indirettamente

INDICE

1. **IL MASTERMIND GROUP** 7
2. **LA STORIA DEL MASTERMIND** 13
3. **LA SELEZIONE DEI MEMBRI** 21
4. **COME SI SVOLGE** 31
5. **I VANTAGGI DEL MASTERMIND GROUP** 43
6. **LA TAVOLA ROTONDA** 45
7. **IL GRUPPO DEI PARI** 49
8. **CERCARE E CREARE UN GRUPPO** 53
9. **CONSIGLI** 55
10. **SIMPOCEAN** 59

1

IL POTERE DEL MASTERMIND GROUP

Il Mastermind Group è un arma segreta molto forte e potente che diventerà presto la tua via del successo. È una alleanza di cervelli, un piccolo gruppo di pari, che si incontra periodicamente in uno spirito di armonia, per discutere e aiutarsi a vicenda per migliorare i propri risultati.

Ci si scambia idee, informazioni, consigli, strategie e risorse allo scopo di risolvere problemi, superare ostacoli e vincere le sfide dei propri progetti utilizzando le capacità e le idee di tutti. È un appuntamento per confrontarsi e migliorare il proprio business.

È una opportunità per confrontarsi con persone allo stesso livello ma con competenze ed esperienze diverse. È un gruppo che diventa anche un forte sostegno personale ed emotivo.

Non ci sono gerarchie e tutti i membri sono sullo stesso piano. Le decisioni vengono prese in modo del tutto democratico.

Quindi è uno scambio tra persone molto esperte in determinati campi che decidono di condividere le loro esperienze e competenze per dare e ricevere una formazione libera, e oltre ad avere il desiderio di far crescere il loro business, nutrono anche il desiderio di aiutare gli altri membri del gruppo senza aspettarsi un rientro economico.

Dal Gruppo Mastermind puoi avere un concentrato di esperienze formazione, conoscenza, ed è una grande occasione per sfruttare i talenti e le capacità di tutti i partecipanti. E credimi, che a volte basta solo una idea o un accorgimento per rivoluzionare la tua vita e il tuo business.

È una opportunità per fare squadra con altri professionisti. Spesso si formano partnership, joint venture e anche belle amicizie, anche se non è quello lo scopo primario, ma come spesso succede, in un Mastermind si diventa un gruppo di amici che si aiuta nel business.

È un appuntamento che viene svolto da persone che nutrono gli stessi desideri di crescita personale e professionale.

È un incontro informale ma non deve essere paragonato ad una uscita tra amici dove si parla del più e del meno e si toglie tempo agli altri membri del gruppo che hanno bisogno di confronto.

Grazie al Gruppo Mastermind si capiscono anche i processi che portano al successo, i passi da fare per raggiungere un obiettivo, le strategie da attuare per avere dei risultati.

È una alleanza di cervelli che ti fa uscire dall'incontro con nuove competenze.

Un gruppo con queste caratteristiche che si muove verso uno scopo ben preciso, riesce a moltiplicare in modo esponenziale i successi dei componenti del gruppo.

Il Gruppo Mastermind quindi diventa una occasione per ritrovarsi e discutere su uno o più argomenti che si trasforma in un momento di ispirazione reciproca come spesso avveniva in antichità.

"Il principio di Mastermind consiste in un'alleanza di due o più menti che lavorano in perfetta armonia per il raggiungimento di un obiettivo definito e comune. Il successo non viene senza la collaborazione degli altri".

Napoleon Hill

2

LA STORIA DEL MASTERMIND

Con il passare del tempo l'umanità si è dimenticata che la conversazione è una vera e propria arte. Si è dimenticata del passato, che offre strumenti di inestimabile valore per la comprensione del presente e per la costruzione del futuro.

L'essere umano è lo stesso e la vita dell'umanità è una serie continua di corsi e ricorsi storici.

Nell'antica Grecia e nell'antica Roma, il simposio (o convivio) era quella pratica conviviale che faceva seguito al banchetto, durante la quale i commensali svolgevano diverse attività insieme come mangiare, bere, conversare, cantare, suonare, danzare e scherzare.

La prima testimonianza scritta del simposio si trova sulla cosiddetta *Coppa di Nestore*, una tazza di tipo geometrico (*skyphos*), della seconda metà dell'VIII secolo a.C. Etimologicamente, simposio deriva dal greco e significa *bere insieme*; convivio deriva dal latino e significa *vivere insieme*. Vi erano due tipologie: il *simposio buono*, come il *syssition* spartano, ammirato da molti autori ed era diventato un esempio da seguire e da lodare di morigeratezza dei costumi, in cui i partecipanti condividevano cibi e bevande prescritte dalla legge.

Queste mense erano uno strumento educativo dove i giovani partecipavano per assistere a discussioni politiche; e il *simposio cattivo*, basato sulla volgarità, gli eccessi sessuali e sul bere vino per ubriacarsi. Erano occasioni di bevute e di amori, durante le quali si beveva in eccesso e si dava libero sfogo senza freni inibitori alle conversazioni oltre ad essere occasione di celebrazione politica e cospirazioni.

Nel simposio, i convitati avevano ideologie e aspirazioni di pari intento e si riconoscevano come un'associazione politica formata da cittadini maschi adulti (*eteria*), e condividevano insieme la stessa concezione di vita a tendenza oligarchica. Era un momento di vita sociale particolarmente importante e articolato. Era un convegno, un momento di dialogo culturale, una sorta di rito collettivo di scambio di idee e opinioni su diversi argomenti, e univano il piacere del conversare e dello stare insieme a quello per la poesia, la musica, la danza, il cibo e il vino.

Condividere il pasto aveva un valore di identificazione sociale e rendeva più vicine le persone che vi partecipavano, vicinanza creata anche dalle dimensioni modeste delle sale dei banchetti per permettere a ciascuno dei commensali di poter vedere e sentire tutti gli altri.

Tra gli argomenti prediletti delle conversazioni, c'erano spesso temi filosofici e letterari ed era un momento dagli importanti risvolti politici e sociali, ma anche etici, sacrali e religiosi. Era una palestra di sapienza fatta di conversazioni argute e colte. Il banchetto era una vera e propria istituzione per l'aristocrazia greca e la classe dirigente che si riunivano per parlare di politica e cultura. Con il passare del tempo, con l'attenuarsi delle lotte politiche e con lo sviluppo delle strutture cittadine il simposio si trasformò in una riunione privata tra amici, pur mantenendo sempre lo spirito di aggregazione sociale.

Oggi il concetto è sostanzialmente lo stesso. Il concetto del Mastermind Group (Mastermind Alliance - Alleanza di Cervelli) viene trattato per la prima volta con convinzione, passione ed entusiasmo da Napoleon Hill nel suo libro *The Low of Success* pubblicato nel 1920.

Hill è stato uno dei primi produttori del moderno genere letterario del successo personale ed è stato un consulente del presidente americano Franklin Roosevelt. Aveva scoperto che il segreto delle persone che avevano accumulato grandi fortune era proprio la presenza di un gruppo di supporto.

Ad ispirarlo è stato l'imprenditore Andrew Carnegie, un rappresentante del sogno americano, partito giovanissimo dalla natia Scozia per andare negli Stati Uniti in cerca di fortuna.

Nel 1865 fondò la sua società, la *Carnegie Steel Company*, che avrebbe fatto di Pittsburgh la capitale dell'industria siderurgica e di Carnegie uno degli uomini più ricchi del mondo. È riuscito a costruire una delle più potenti e influenti aziende della storia degli Stati Uniti d'America, diventando un uomo molto ricco, che secondo alcuni il suo patrimonio rivalutato in dollari sarebbe stato il secondo più alto di sempre e il quinto in rapporto al prodotto interno lordo statunitense.

All'età di sessantacinque anni vendette le sue società al banchiere J.P. Morgan per 480 milioni di dollari e dedicò il resto della sua vita alla scrittura ed a attività filantropiche donando circa 350 milioni di dollari che hanno permesso di finanziare, cofinanziare e fondare università, biblioteche e musei in giro per il mondo.

Andrew Carnegie si era circondato da un gruppo formato da cinquanta uomini con l'obiettivo di diventare leader nella produzione e commercializzazione dell'acciaio. Dichiarò che il merito della sua intera fortuna era da attribuire al potere e alle conoscenze accumulate attraverso questo gruppo.

Napoleon Hill intervistò anche le sei persone più ricche di Boston dell'epoca. Anche qui era emerso che il loro segreto era la presenza di questo gruppo di supporto. Si erano conosciuti quando non avevano niente, ma grazie all'aiuto reciproco, agli scambi di esperienze, conoscenze e risorse erano arrivati al successo.

E anche dopo il raggiungimento del successo, continuavano i loro gruppi Mastermind per migliorare ancora.

Dopo la pubblicazione di Napoleon Hill di *Think and Grow Rich* del 1937 - il suo lavoro più famoso, un distillato di filosofia del successo - il concetto di Mastermind Group si è sviluppato ed evoluto fino a diventare uno strumento di fondamentale importanza per le persone di successo.

3

LA SELEZIONE DEI MEMBRI

La chiave dell'*Alleanza di Cervelli* è la selezione delle persone. La qualità delle persone determinerà la qualità delle idee e dei pensieri. Con le persone giuste si può creare un sistema di supporto molto potente con una visione a lungo termine.

Il gruppo non ha un vero leader, ma è una leadership condivisa, un gruppo composto da persone con valori simili e competenze di pari livello.

"Prima di vedere cosa stai mangiando e bevendo, è necessario vedere con chi lo stai facendo; infatti, mangiare senza amici è vita da lupi o da leoni"

Questa massima di Epicuro, citata da Seneca nella sua diciannovesima lettera a Lucilio evidenzia l'importanza della scelta dei commensali.

Era un valido consiglio per i membri dell'alta società romana, che non dovevano rischiare di trovarsi a tavola con i propri *clientes* (il *cliens* era quel cittadino che si trovava ad adempiere ad una serie di obblighi nei confronti di un *patronus*), perché mossi da ragioni opportunistiche e non da una amicizia sincera.

"Errat autem qui amicum in atrio quaerit, in convivio probat"

"Sbaglia d'altronde chi cerca l'amico nell'atrio, e lo mette alla prova durante il banchetto"

In determinate condizioni, tutti possono sembrarci amici, ma per trovare quelli veri, serve pensare a quelle persone che ci hanno affiancato e sostenuto nei momenti di difficoltà.

Questo è un insegnamento applicabile a molti contesti diversi che ci fa capire che quelli che diventeranno a lungo, i nostri veri amici, non sono quelli che incontriamo nei locali e alle feste, ma sono coloro con i quali condividiamo il nostro tempo, le nostre passioni e i nostri progetti.

Se sei l'unico a dare consigli hai sbagliato gruppo. Uno dei punti fondamentali del gruppo Mastermind è la reciprocità.

- Le persone che non dovrebbero mai far parte del vostro Gruppo Mastermind, sono le brave persone orientate alle buone intenzioni, ma che non hanno le competenze e non sono orientati ai risultati. Queste persone non servono. Sono quelle persone brave a parole con molte idee, ma che non hanno mai concluso niente, quindi non sono concrete. Sono anche quelli che quando c'è da lavorare, preferiscono gli aperitivi e le uscite piuttosto che creare qualcosa.

- Servono persone motivate, positive e orientate all'abbondanza. Bisogna scambiarsi idee con persone desiderose di sviluppare relazioni eccellenti a lungo termine. Persone positive con il giusto mindset impostato al miglioramento di se stessi e dei propri progetti.

- Servono membri con capacità di problem solving.

- Servono persone con una esperienza diretta in quello che fanno. Gli appassionati, i mediatori che sono appassionati ma che non hanno svolto direttamente attività, non sono le persone giuste.

- Non c'è spazio nemmeno per le persone egocentriche e accentratrici che vogliono tutti i benefici per loro, cioè quelli che prendono senza dare. Sono persone che prendono continuamente dagli altri senza dare valore indietro. Il Gruppo Mastermind si basa sullo scambio di idee ed esperienze.

- I partecipanti anche se accomunati dagli stessi interessi, non devono essere dello stesso settore, non devono avere tutti le stesse esperienze, non devono avere le stesse competenze, non devono essere dello stesso sesso e non devono essere tutte delle stessa età. Questi sono tutti fattori molto importanti perché servono le diversità per imparare gli uni dagli altri, per fare scambi che possono arricchirci, per avere punti di vista differenti e vedere le cose da prospettive diverse.

L'eterogeneità del gruppo è un elemento molto importante e serve anche per sfruttare quella che a mio parere è l'arma in assoluto più potente che esista: il *LEARNING TRANSFER*.

Il Learning Transfer è devastante, può darti un vantaggio competitivo che non sarà facilmente colmabile dalla maggior parte delle persone.

Il Learning Transfer è una tecnica di apprendimento che si basa sull'apprendere da più campi per permetterti di avere nuove suggestioni e idee che non avresti mai avuto studiando solo il tuo settore. È una strategia che viene messa in atto quando acquisiamo nuove conoscenze in un campo e noi abbiamo la capacità di applicarle in altri.

Le illuminazioni e le rivoluzioni avvengono proprio quando riusciamo ad applicare nozioni apprese in un campo diverso dal nostro e riusciamo a stabilire nuovi collegamenti grazie anche alla nostra capacità di pensiero critico.

Studiare le informazioni con questa tecnica, ti permette di rafforzare i muscoli del cervello che ti consentono di stabilire nuove connessioni per farti vedere nuovi orizzonti.

Imparerai a connettere tutte le informazioni dei vari campi e sfrutterai l'immenso potere che genera questa tecnica. La conoscenza è devastante.

Abbiamo tantissime cose da imparare e più studiamo, ci accorgiamo di quanto non sappiamo. La vita deve essere uno studio continuo per migliorare le nostre vite e allargare i nostri orizzonti, è una tutela contro l'illusione e la misconoscenza di noi stessi e del mondo circostante.

Senza alcun dubbio, possiamo attingere a conoscenze diverse e crescere a livello esponenziale sfruttando il potere del Mastermind Group.

Dopo la selezione dei membri è anche utile fare un patto tra i partecipanti. Nessuno entra definitivamente nel gruppo fino alla seconda partecipazione.

È utile fare una prova senza impegno per i nuovi candidati. Ci si accorda per far provare ad una persona l'esperienza del Mastermind per una o due volte. Dopo il secondo incontro, se tutti sono d'accordo, il membro può entrare nel gruppo.

È importante che le persone che entrano a far parte del gruppo Mastermind siano in grado di fornire un valore aggiunto per i membri, se queste non rispecchiano i canoni e non aggiungono nessun valore, dopo la prima prova, si annulla la loro partecipazione.

Nel Gruppo Mastermind ci vuole impegno, è un sistema di supporto a lungo termine. I membri devono garantire la loro presenza e si devono impegnare ad una partecipazione regolare e puntuale.

Il numero ideale dei partecipanti per un Gruppo Mastermind di qualità è tra le 4 e le 8 persone. È un numero ottimale che permette di andare in profondità sugli argomenti. Nei gruppi più grandi si rischia di avere confusione e poco tempo da destinare ai singoli partecipanti.

È utile anche fare un accordo di riservatezza tra i membri. Gli incontri devono essere segreti lontano da occhi indiscreti e quello che succede nel Mastermind, rimane nel Mastermind.

4

COME SI SVOLGE

Per un Gruppo Mastermind di qualità serve una ottima pianificazione. È importante avere un regolamento per strutturare gli incontri. Prima di tutto c'è da eleggere il conduttore, il mediatore, il facilitatore, *il Re del Simposio*. Un ruolo che può cambiare da una sessione all'altra e che può essere fatto a turno tra i membri. Il Re del Simposio era un invitato che aveva l'incarico di gestire e animare la festa. Era eletto con una corona di fiori o foglie d'edera più bella di quella degli altri invitati.

Il conduttore è fondamentale, serve a garantire il rispetto dei tempi all'interno della sessione.

La Mastermind non è una chiacchierata tra amici, ma un momento di approfondimento, ispirazione e motivazione. Ci si può incontrare fisicamente oppure virtualmente sfruttando degli strumenti che ci permettono di superare i limiti di spazio e di abbattere le distanze, come: *Skype, Zoom* o *Hangouts*.

Alla base del Gruppo Mastermind c'è la condivisione di tutto quello che si ritiene significativo per noi e gli altri membri.

Si condividono obiettivi e problemi, si affrontano argomenti, si riflette sulle proposte che riceviamo, sulle risposte dei clienti, ci si motiva a vicenda, si portano libri da consultare, si consiglia libri da leggere, si leggono citazioni su cui riflettere e ci si confronta sui software da utilizzare. Durante questi incontri ci si arricchisce donando e ricevendo, scambiandosi esperienze, consigli e conoscenze e infine si fissano gli obiettivi per la sessione successiva. È importante attenersi al programma senza divagare su altri temi non legati al Mastermind. È utile lasciare la vita privata fuori dal Mastermind o se si vuole trattarla si può fare a fine incontro.

LOCATION

Può essere svolto in qualsiasi luogo, l'importante è che sia un ambiente che garantisca privacy e focus. Un ambiente senza distrazioni e interruzioni.

Può essere organizzato a casa di qualcuno, in villa, in sale di hotel, in agriturismi, terme, in spiagge deserte e talvolta anche in ristoranti anche se non è l'ambiente ideale per via delle interruzioni e la mancanza di focus.

LA SCALETTA

È importante decidere quali argomenti trattare e con quale modalità. Il miglior modo per cominciare un Mastermind è quello di condividere le vittorie e i piccoli successi ottenuti rispetto alla sessione precedente.

I membri prendono a turno la parola per condividere i risultati e mettere al corrente gli altri. Questo aiuta a impostare la riunione.

Per i primi incontri è utile lasciare gli argomenti liberi, prima di andare nello specifico. Il consiglio è sempre di fare un ordine del giorno e di stabilire gli argomenti da trattare, ad esempio:

- La giornata della produttività e gestione del tempo

- La giornata del marketing

- La giornata della vendita

- La giornata del brainstorming

- La giornata per la gestione delle risorse umane

- La giornata per la gestione clienti

- La giornata per la ricerca e sviluppo

- La giornata dell'automazione digitale

- La giornata del futuro

Poi si affrontano domande del tipo:

- Quali sono le difficoltà maggiori che stai incontrando in questo periodo?

- Come hai affrontato e superato quella difficoltà?

- Quali strategie hai usato per raggiungere i tuoi risultati?

- Qual'è stato l'evento più importante che ti è capitato dall'ultimo incontro?

- Quali sono le nuove opportunità?

- Quali sono gli obiettivi più importanti?

- Qual'è la nuova sfida da vincere?

L'eventuale scaletta potrebbe essere:

- Celebrazione dei successi

- Analisi degli obiettivi della sessione precedente ed eventuali problematiche riscontrate

- Analisi delle strategie di successo che hanno ottenuto risultati

- Affrontare l'argomento del giorno o un tema a scelta

- Analisi dei problemi dei partecipante con le relative idee, consigli e strategie per superarli

- Fissare gli obiettivi da rendicontare per la sessione successiva

TEMPI E DURATA

Le possibilità sono molteplici, e sei libero di scegliere i tempi e le durate che preferisci. Potresti organizzare il tuo Mastermind con questi intervalli:

- Incontri settimanali da circa novanta minuti

- Una intera giornata una volta al mese

- Due giornate intensive ogni stagione

- Una settimana l'anno

È importante rispettare le durate e gli orari previsti, il rischio è trasformare il Gruppo Mastermind in un incontro tra amici, che nonostante la piacevolezza, non può far raggiungere obiettivi di crescita professionale.

A rotazione si risponde alle domande mentre gli altri sono rigorosamente in silenzio e prendono appunti, scrivendo idee e soluzioni su come aiutare gli altri.

Per tenere un gruppo efficace è sempre bene avere un timer per la gestione dei tempi. Ci sono sempre persone logorroiche che parlano più del necessario. Il timer ci consente di garantire a tutti di avere lo stesso tempo per esprimersi. Si parla sempre con un timer, ognuno ha un tot di minuti a testa per commentare e aiutare nel superare le sfide. Può capitare anche di indire una edizione straordinaria, di fare un incontro speciale quando uno dei membri del gruppo sta vivendo una situazione di emergenza.

LA HOT SEAT

Uno dei migliori modi per svolgere un Mastermind è quello di usare la tecnica della sedia che scotta, la *Hot Seat*.

Seduti sulla Hot Seat si ha la possibilità di parlare delle proprie difficoltà e chiedere aiuto. È la poltrona dove un membro e la sua attività sono sotto ai riflettori, al centro della riunione, tutta l'attenzione è su di loro. È la situazione più egoista e altruista di tutte. Quando arriva il nostro turno dobbiamo prepararci a *essere egoisti* nel senso di sfruttare al meglio questa esperienza per avere il massimo del supporto, in modo da crescere e migliorare.

È un essere tutti egoisti per essere tutti più altruisti. Otterrai il massimo degli altri sotto i riflettori. Ci si siede e ci sia attiene all'ordine del giorno e si chiede quello di cui abbiamo bisogno. È il momento per ottenere tutto l'aiuto e il supporto possibile da parte del gruppo.

Quando è il vostro turno, dovete essere assetati di sapere e di conoscenze e chiedere aiuto. Se lo fai alzerai il livello delle tue attività. Si condividono vittorie e si ricevono feedback su ciò che si sta facendo. Questo porta a *essere sotto pressione* fino alla sessione successiva e ti spronerà a fare meglio e ottenere più risultati perché poi tornerai sotto i riflettori a parlare di te. Questo ti farà diventare più responsabile.

- A cosa stai lavorando?

- Come hai fatto ad ottenere quei risultati?

- Cosa è che non sta funzionando?

- Di che aiuto hai bisogno?

Non devi mai sentirti sotto esame, il gruppo è un tuo alleato. Quando arriverà il tuo momento di parlare anche se in quel periodo non hai raggiunto risultati evidenti cerca di trovare un piccolo successo. Come avere dei nuovi iscritti alla newsletter, avere aumentato le visite del sito o aver ricevuto dei complimenti da qualcuno. Anche se sono piccoli successi vanno condivisi con il gruppo.

5

I VANTAGGI DEL MASTERMIND GROUP

Partecipare ad un Gruppo Mastermind accelera la tua trasformazione, migliora la tua visione personale, il tuo business e ti offre molteplici vantaggi, in sintesi:

- Supporto reciproco

- Scambio e accesso a risorse, conoscenze e strategie diverse

- Avere punti di vista diversi e nuove prospettive

- Creazione ed espansione di network

- Relazioni profonde

- Responsabilità e ispirazione personale

- Condivisione

- Rimanere focalizzati e concentrati sugli obiettivi

6

LA TAVOLA ROTONDA

Ogni tanto può capitare di organizzare una *Tavola Rotonda*. La Tavola Rotonda era il tavolo del castello di Camelot a cui Re Artù e i suoi Cavalieri sedevano per discutere questioni di cruciale importanza per il reame. Lo scopo della Tavola Rotonda era quello di evitare conflitti di prestigio. Infatti, non essendoci nessun capo-tavola, ogni cavaliere, re compreso, aveva il suo posto uguale a tutti gli altri e anche Re Artù si sentiva come ogni altro cavaliere.

La Tavola Rotonda oggi è una situazione di ulteriore confronto. È un evento riunione con un numero ristretto di partecipanti specialisti e aperta al pubblico. Lo scopo di una tavola rotonda è l'approfondimento di un tema di estrema attualità.

Un evento in cui è possibile avere una continua interazione fra i partecipanti ed il pubblico. I partecipanti si dovranno presentare al dibattito preparati sui temi affrontati. Si comincia con stilare una checklist di cose da fare per la riuscita dell'evento. Si decide il tema e il titolo della Tavola Rotonda, dopo i sopralluoghi si sceglie la location, si studia le collocazioni, si pensa ai collaboratori e si studia le tempistiche.

Il passo successivo è quello di contattare le persone da invitare, fare una stima sulle probabili adesioni e i possibili partecipanti.

Si scrivono e si inviano gli inviti, o in forma cartacea o in forma digitale e si verifica l'acustica del luogo scelto.

Sarebbe gradito anche contattare un catering per organizzare un banchetto per i presenti, questo è sempre ben apprezzato.

La comunicazione dell'evento è molto importante. Sia gli inviti e tutto il materiale pubblicitario devono riportare il titolo della Tavola Rotonda, si devono capire gli argomenti trattati, deve essere chiaro chi sono i promotori, chi sono gli interlocutori e naturalmente la data, l'ora, la città e l'indirizzo della location e il numero della sala.

Sarebbe utile anche fornire una piantina per arrivare alla location indicando anche gli eventuali mezzi di trasporto da poter utilizzare. Infine deve essere chiara la quota di partecipazione e la modalità di iscrizione prevista.

Fondamentale sarà la promozione. Dovrà essere pubblicizzato sfruttando il potenziale del web, quindi sito internet, mail marketing, social network e soprattutto attraverso il nostro funnel.

Da sfruttare anche la pubblicità tradizionale come cartellonistica, camion vela e distribuzione flyer nei punti strategici della città. Se ci saranno dei partecipanti provenienti dall'estero, bisognerà provvedere alla loro permanenza individuando delle strutture ricettive adeguate tenendo in considerazione la qualità dei loro servizi e la vicinanza alla location.

7

IL GRUPPO DEI PARI

"Tu sei la media delle cinque persone che frequenti più spesso" Jim Rohn

Le persone che ci circondano hanno una certa influenza su di noi. Per sapere quanto guadagna una persona individua i suoi cinque amici più cari e fai una media dei loro redditi.

Per conoscere le aspirazioni di una persona individua i suoi cinque amici più cari e avrai una risposta. Se vuoi capire e inquadrare una persona, individua i suoi cinque amici più cari e ti farai una idea.

Quando si lavora in proprio spesso si affronta anche una solitudine personale. Le persone non capiscono le nostre scelte, altri le prendono in giro, altri le ignorano. Non puoi continuare a dare ascolto a chi non crede nelle tue qualità e capacità. A frequentare un ambiente che non ti da fiducia, rischi di convincerti che hai poco valore e di non essere capace.

"Lascia andare le persone che condividono solo lamentele, problemi, storie disastrose, paura e giudizio sugli altri. Se qualcuno cerca un cestino per buttare la sua immondizia, fa' sì che non sia la tua mente"

Dalai Lama

La visione del mondo delle persone che frequentiamo, hanno un grande impatto su di noi. L'uomo è un animale sociale in quanto tende ad aggregarsi con altri individui e a costituirsi in società. Le relazioni che abbiamo influiscono sulle nostre storie e convinzioni personali.

Non bisogna mai incolpare gli altri per l'andamento della nostra vita, ma le persone che frequentiamo influiscono sulla nostra percezione della realtà. Possiamo scegliere le persone con le quali condividere il nostro tempo. Con le quali passare le nostre giornate. Con le quali condividere le nostre passioni. Dobbiamo circondarci di persone che vibrano con le nostre stesse frequenze.

Hai bisogno di circondarti di persone che ti aiutino a crescere, persone allineate con la tua visione, degli alleati che ti supportino, persone che ti incoraggiano e ti motivano. Stai lontano dalle persone che remano contro le tue idee e i tuoi progetti.

Devi cercare persone che hanno già ottenuto risultati in quel settore, farti raccontare le loro esperienze, farti insegnare le loro strategie. Solo chi ha ottenuto dei risultati in un settore potrà insegnarti a raggiungere quei risultati in quel settore. Bisogna sempre ispirarsi a persone di successo. Il tuo valore aggiunto sarà quello di circondarti di persone evolute. Devi essere una spugna e assorbire tutto quello che ti circonda per diventare più grande.

"Se sei il più intelligente della stanza, ti trovi in quella sbagliata"

8

CERCARE E CREARE UN GRUPPO

Per cercare o creare un gruppo devi avere in primis un requisito fondamentale: La motivazione. Se sei motivato puoi cominciare a trovare persone interessate all'avvio di questa attività. Creare un Gruppo Mastermind è semplice se trovi le persone giuste. Comincia con il contattare una persona di fiducia di pari livello che vuole confrontarsi e far crescere il suo business, poi penserai agli altri membri.

Se non sanno di costa stai parlando puoi regalargli questo libro. Identifica la tua nicchia di competenza e prima di volerti confrontare con gli altri su determinati argomenti, comincia a studiarli e sii preparato.

Per trovare i tuoi futuri partecipanti al Mastermind puoi sfruttare il servizio di social network *Meetup*, una piattaforma nata per facilitare l'incontro di persone che consente a persone di tutto il mondo di trovarsi e unirsi in gruppi creati attorno a un comune interesse.

Devi essere disposto a investire il tuo tempo per mettere in pratica i consigli e gli elementi emersi dal Mastermind. Altrimenti serve a poco partecipare. Ricorda di mettere sempre in pratica le strategie e i consigli che riceverai. Non basta sapere. Senza la messa in pratica è inutile partecipare ad un Gruppo Mastermind. Ricorda anche che nella vita, non basta avere le idee. Quello che fa la differenza è l'attuazione della idea.

9

CONSIGLI

Nei miei incontri ho l'usanza di inviare ai membri qualche giorno prima della riunione, l'ordine del giorno e la scaletta con i punti che si vogliono discutere, questo aiuta ad arrivare più prepararti, concentrati e consapevoli alla riunione.

È una strategia che porta un alto beneficio. Da quando finiranno di leggere il programma, fino al giorno dell'incontro, i loro cervelli inconsciamente cominceranno già a pensare a idee e soluzioni.

E credimi, le migliori idee spesso vengono quando stai facendo altre cose. Capita spesso di arrivare alla riunione già con i problemi risolti e nuove idee.

Questo ci rende più efficaci ed efficienti.

Abbiamo sempre un addetto che scrive un report dettagliato su tutti gli argomenti trattati che poi si incarica di farlo avere a tutti gli altri partecipanti.

Un altro consiglio, dedicato al miglioramento della concentrazione, è quello di variare spesso la location, di non sedersi mai nello stesso posto e cambiare le posizioni durante la stessa sessione.

Questa variazione di stimoli continua permette di tenere viva la concentrazione e stimola la visione di nuovi punti di vista e prospettive.

Molti miei colleghi, studenti e clienti che applicano la mia *Variazione degli stimoli continua*, (*La Variazione degli stimoli continua di Zeloni Magelli*) godono di un notevole incremento di produttività giornaliera e di mantenimento della concentrazione.

Un diktat (dura condizione non negoziabile imposta) che attuiamo nei nostri Gruppi Mastermind, è la disconnessione totale. Nessun telefono acceso (significa cellulari spenti, non in silenzioso) nessun controllo delle mail, nessun uso del pc e di internet. Quando capita di aver bisogno di accedere ad internet per approfondimenti o usare il pc, spostiamo questi atti a fine riunione.

Durante il Gruppo Mastermind regna la disconnessione totale dagli altri e dal mondo esterno.

È importante nella fase finale dell'incontro che tutti i partecipanti dichiarino i propri obiettivi ad alta voce davanti a tutti. Non trattenetevi, non abbiate paura anche ad urlarli come quando si urla in uno spogliatoio prima di una partita. Dichiara i tuoi obiettivi ad alta voce, ti aiuterà ad essere più concreto e ti farà impegnare di più.

Quando raggiungi un obiettivo o anche un piccolo risultato, abituati a festeggiare. Magari con una cena, una bottiglia di champagne, non importa come, ma conta il fatto che lo fai. È uno strumento di ancoraggio molto potente che rimarrà come testimonianza dei risultati raggiunti in quel momento. Celebra i tuoi successi, anche quelli piccoli, fallo alla prima occasione.

Un altro consiglio che mi sento di darti è di avere più Gruppi Mastermind per ciascuna area della tua vita. Ognuna delle quali con tempi e durate diverse. In alcuni gruppi funzionano i novanta minuti settimanali, in altri funziona la cadenza mensile, in altri ancora funziona la cadenza annuale. Starà a te capire qual'è la situazione migliore per far rendere al meglio il tuo gruppo.

10

SIMPOCEAN

Mi domando se sarai curioso sapere che prima di poter parlare del Simpocean, dobbiamo parlare di Atlantide, l'antica isola sommersa e scomparsa nella notte dei tempi. Per la prima volta viene descritta nel dialogo platonico *Timeo* intorno al 355 a.C., in assoluto uno degli scritti più importanti e influenti dove Platone approfondisce la natura e l'origine dell'universo e della natura umana. È grazie agli scritti di Platone che l'umanità è venuta a conoscenza di Atlantide.

[...] Questa potenza veniva dall'Oceano Atlantico, perché in quei giorni l'Atlantico era navigabile, e vi era un'isola innanzi a quella bocca, di fronte agli stretti, come voi dite, Colonne d'Ercole. L'isola era più grande della Libia e dell'Asia riunite, ed era un passaggio verso altre isole, dalle isole si poteva raggiungere tutto il continente opposto, che costeggiava quel vero mare. Perché tutto questo mare, che sta di qua dalla bocca che ho detto, sembra un porto d'angusto ingresso, mentre l'altro potresti rettamente chiamarlo un vero mare, e la terra, che per intero l'abbraccia, un vero continente. Ora in quest'isola Atlantide v'era una grande e mirabile potenza regale, che possedeva l'intera isola e molt'altre isole e parti del continente. Inoltre di qua dallo stretto dominavano le regioni della Libia fino all'Egitto e dell'Europa fino alla Tirrenia. [...]

Prima che nascessero le più grandi civiltà viveva un popolo estremamente evoluto e tecnologicamente avanzato, erano gli abitanti di Atlantide. Atlantide fu un paese abitato dalla perfezione, la sua civiltà raggiunse il suo massimo splendore intorno al 9000 a.C., e portò cultura e civiltà evoluta nel mondo.

Era un paradiso terrestre. Era ricca di minerali preziosi, terreni fertili, foreste, fauna senza eguali, la terra generava beni e prodotti in abbondanza. Sorgevano templi, palazzi reali, porti e altre opere maestose. Era diventato un potente regno in mezzo all'Atlantico con le sue montagne situate a nord e lungo la costa, fino alle pianure del sud.

L'isola fu divisa in dieci zone, e i dieci figli di Poseidone ne diventarono i sovrani. Era governata dai figli del dio del mare. Intorno al 9600 a.C. la maggior parte dell'Europa Occidentale e dell'Africa fu conquistata dall'impero di Atlantide. Questa data coincide con la fine dell'ultima glaciazione e la nascita delle prime città-stato, scoperte nell'attuale Iraq.

Dopo aver tentato di conquistare Atene, Atlantide fu distrutta e fatta sprofondare con terribili cataclismi da Poseidone, che era diventata ormai corrotta, una condizione che aveva rovinato una società pacifica, ricca ed estremamente saggia.

[...] In tempi successivi, però essendosi verificati terribili terremoti e diluvi, nel corso di un giorno e di una notte, tutto il complesso dei vostri guerrieri di colpo sprofondò sotto terra, e l'Isola di Atlantide, allo stesso modo sommersa dal mare, scomparve. [...]

Ignatius Donnelly, politico, saggista e studioso statunitense, autore del libro *The Antediluvian World* pubblicato nel 1882, era convinto che molte delle tecnologie per sviluppare la metallurgia, l'agricoltura e le costruzioni e anche altre conquiste dell'umanità come la religione e il linguaggio, avessero avuto origine proprio ad Atlantide, che poi aveva diffuso la conoscenza ai popoli antichi che non avevano tali competenze.

È una teoria simile alla *Teoria del Paleocontatto* o *Teoria Paleoastronautica*, l'insieme delle teorie che ipotizzano un contatto tra civiltà extraterrestri che sarebbero intervenute sulle conoscenze delle antiche civiltà umane evolute, come i Sumeri, gli Egizi, le civiltà dell'India antica e le civiltà precolombiane.

Macaronesia. Un nome collettivo per indicare i diversi arcipelaghi dell'oceano Atlantico settentrionale situati al largo delle coste africane. Una posizione geografica che coincide con la descrizione di Platone, al di là delle Colonne d'Ercole, appena fuori lo Stretto di Gibilterra. Le isole della Macaronesia sono considerate ciò che resta dell'antico e perduto continente.

Macaronesia deriva dal greco μακάρων νῆσοι (*makarōn nêsoi*) e significa *Isole dei Beati*, espressione utilizzata dagli antichi geografi greci per riferirsi ad alcune isole che si trovavano al di là dello Stretto di Gibilterra. Sono le *Isole Fortunate* dove gli Dei accoglievano gli eroi e i mortali di natura straordinaria.

Ed è proprio appena fuori dalle Colonne d'Ercole che ha luogo il **SIMPOCEAN - Il Vertice Annuale dei Gruppi Mastermind.** Il Mastermind Group dei Mastermind Group evoluti.

il Simposio delle Isole dei Beati.

Ha luogo nelle Isole Fortunate, in un isola vulcanica in mezzo all'Atlantico dichiarata riserva della biosfera dall'UNESCO, in un paradiso terrestre come Atlantide, nell'isola emersa per prima e geologicamente più antica dell'arcipelago delle Isole Canarie, parte della Macaronesia: l'isola di Fuerteventura.

Una settimana di Mastermind in mezzo all'oceano Atlantico.

Un evento dove i membri di un gruppo Mastermind si confrontano con altri membri di gruppi Mastermind per elevare le proprie conoscenze a livello esponenziale in maniera spropositata con benefici incalcolabili. È una opportunità di scambi preziosi con persone di livello provenienti da tutto il mondo che farà espandere i confini del tuo business e potenziare il tuo network a livello globale.

La ricerca del continente perduto Atlantide dura da millenni, come la ricerca della verità e della conoscenza perduta. Gli scritti di Platone sono come una mappa del tesoro così come le strategie del Gruppo Mastermind del Simpocean.

È uno sfruttare il potere di Poseidone per rievocare tsunami di competenze e cataclismi di conoscenza e di distruzione e affondamento dell'ignoranza.

Il Simpocean accoglie eroi della conoscenza e uomini di volontà straordinaria per riscoprire l'arte del conversare e del dialogo.

Dai dialoghi platonici si ritorna a dialogare come nell'antico convivio e simposio. Torneremo a coltivare la conoscenza come il grano. È un inno al Sapere, alla Cultura, alla Conoscenza, alla Saggezza, all'Arte e alla Giustizia, per tornare il popolo evoluto e tecnologicamente avanzato di Atlantide.

LA SELEZIONE

Possono partecipare al Simpocean solo i membri della *Lista dei 50*, una lista molto potente come il suo numero. Si entra nella lista solo dopo una accurata e attenta selezione.

La selezione è aperta a persone di tutto il mondo e tutti possono candidarsi. Il mondo ha sempre bisogno di nuovi cervelli, nuove idee, di gente in gamba e persone motivate.

La selezione del Simpocean è una selezione mondiale di cervelli.

Se pensi di avere un talento particolare, hai voglia di crescere e di lasciare il segno, e vuoi costruire un qualcosa di importante per rendere il mondo un posto migliore di come lo hai trovato, allora dovresti scegliere di candidarti per la selezione. I candidati alla selezione prendono parte ad un vero e proprio Gruppo Mastermind. Durante il quale verranno valutate competenze, capacità, risultati ottenuti, qualità delle idee e tutti quei requisiti fondamentali per far parte di un Gruppo Mastermind Evoluto. Tutti i candidati riceveranno un punteggio ed entreranno a far parte di una classifica globale e di sotto-classifiche divise in categorie.

Per partecipare alla selezione ti basterà prendere parte ad almeno uno degli eventi mastermind accreditati che troverai sul sito ufficiale del Summit: **simpocean.net**

Se sei un organizzatore di eventi mastermind puoi fare richiesta per far accreditare anche il tuo evento. Ti basterà andare sul sito e inviare il programma del tuo mastermind per una valutazione. In caso di esito positivo, il tuo evento sarà accreditato.

COME SI SVOLGE IL SIMPOCEAN

La settimana sull'isola di Fuerteventura si svolge in completa segretezza e lontano da occhi indiscreti.

La settimana è suddivisa in:

- **GIORNO 1**: Rigenerazione Mentale: Meditazione, Mindfulness e altre attività.

- **GIORNO 2-3:** Vengono suddivisi i membri della *Lista dei 50* in sottogruppi ed è l'inizio di più riunioni separate. Grazie alla tecnica evoluta della D*inamica di Gruppo degli Incroci Incrociati di Zeloni Magelli* verrà sfruttato il beneficio di una Mastermind a 4-8 partecipanti, e sarà favorita una corretta osmosi di conoscenze tra tutti i vari membri.

- **GIORNO 4:** La riunione globale.

- **GIORNO 5:** Tour sull'isola.

- **GIORNO 6:** La giornata delle visioni e della creazione di nuovi network.

- **GIORNO 7:** Giorno libero per dare sfogo alla fantasia.

EVENTI MASTERMIND

Qui troverai una lista di alcuni eventi mastermind accreditati e aperti al pubblico dove anche tu puoi partecipare.

Non esiste la bacchetta magica per avere successo, ma esistono delle scorciatoie. Entrare subito in possesso delle giuste informazioni ti farà evitare un lungo percorso tortuoso fatto di tentativi ed errori. Potrai così risparmiare tempo, soldi, energie e risorse perché verrai subito a conoscenza di quello che funziona e di quello che non funziona.

MIND MASTERMIND: Il 1° Mastermind al Mondo sulla Mente Potenziata dove potrai incrementare la potenza della tua Mente.

THE MASTERMIND WEEKEND: Il Weekend di Formazione Marketing, Vendita e Gestione Finanziaria Aziendale specializzato in Scienze Mentali Applicate al Business. Un weekend per imparare le migliori best practies internazionali e per potersi confrontare con altri imprenditori e liberi professionisti in mezzo alle colline toscane.

HYBRID MASTERMIND: Guadagnare 100 anni di esperienza in soli 7 giorni sfruttando il potere del mastermind. È l'evento che ha dato vita ad una nuova generazione di esperienze ibride: la Formazione, la Natura e il Turismo Sostenibile.

IL CENHOLDING DI CAPODANNO: Il CenHolding è "La Grande Cena Mastermind" del 29 Dicembre - scherzosamente chiamata anche come la cena che ti fa guadagnare due giorni sulla concorrenza - dove nuove startup trovano finanziamenti privati e investitori e business angel trovano nuove opportunità di investimento. Nel tempo è riuscita a diventare un vero e proprio epicentro di investimenti internazionali.

Sicuramente è la cena per cominciare bene il nuovo anno ed essere certi di essere nel mezzo del flusso delle informazioni che contano. A volte basta davvero una sola cena per rivoluzionare la tua vita e il tuo business!

DIAMENE MASTERMIND INNER CIRCLE: Questo è il mio Inner Circle dove lavoro con solo 8 persone all'anno. Se sei tu, lavorerò personalmente con te, insieme ad altre 7 persone straordinarie orientate alla crescita personale, per potenziare la tua mente e il tuo business per aiutarti a performare meglio in ogni ambito e a raddoppiare i tuoi profitti nei prossimi 12 mesi. Forse ti sembrerà una premessa un po' audace e ambiziosa questa, ma si basa su risultati totalmente innegabili che io e i miei clienti otteniamo dal 2010. Questo grazie a tecniche, strategie e metodi ben collaudati che funzionano alla grande e che ogni anno diventano sempre più raffinati, grazie alle miete esperienze dirette e alle conoscenze che continuo ad acquisire durante i mastermind a cui prendo parte.

"Fortunata è la persona che imparerà a padroneggiare il Potere del Mastermind"

Dott. Edoardo Zeloni Magelli

Immagina di iniziare a leggere un libro a settimana e di creare un Gruppo Mastermind con altre 7 persone che leggono un libro a settimana.

Immagina di scambiare la tua conoscenza con quella degli altri per venire a conoscenza di quel 20% che ti garantisce l'80% dei risultati.

Riesci a capire la straordinaria crescita personale e professionale che potresti avere con un Gruppo Mastermind?

Con questo libro sei venuto a conoscenza di un grande potere. Adesso sta a te.

Pensa in grande. Allarga i tuoi orizzonti. Quando sei circondato da persone incredibili, puoi fare cose incredibili.

"Un investimento in conoscenza paga sempre il massimo interesse"

Benjamin Franklin

UPGRADE YOUR MIND → zelonimagelli.com

UPGRADE YOUR BUSINESS → zeloni.eu

Edoardo Zeloni Magelli
Atlantide
Settembre 2017

www.ingramcontent.com/pod-product-compliance
Lightning Source LLC
Chambersburg PA
CBHW072208100526
44589CB00015B/2428